小学校

学校行事・授業のための新教材集

地球へ

もくじ

♪:音楽会・集会向き　♪:卒業式向き

ポストに　はがきを　いれるとき

矢崎節夫 作詞／弓削田健介 作曲

メッセージ ▶ p.46

ポストに　はがきを　いれるとき
あたまのほうから　いれないで
きゃっと　さかさに　おちて
さきに　はいっている
はがきや　てがみが
あわてて　みんなで　うけとめる

ポストに　はがきを　いれるとき
あしのほうから　いれてよね
くるっと　かいてん　ちゃくち
さきに　はいっている
はがきや　てがみが
すごいと　みんなで　はくしゅする

（作曲に際し、作者の許可を得て詩の「てがみが」を「てがみは」に変更しています。）

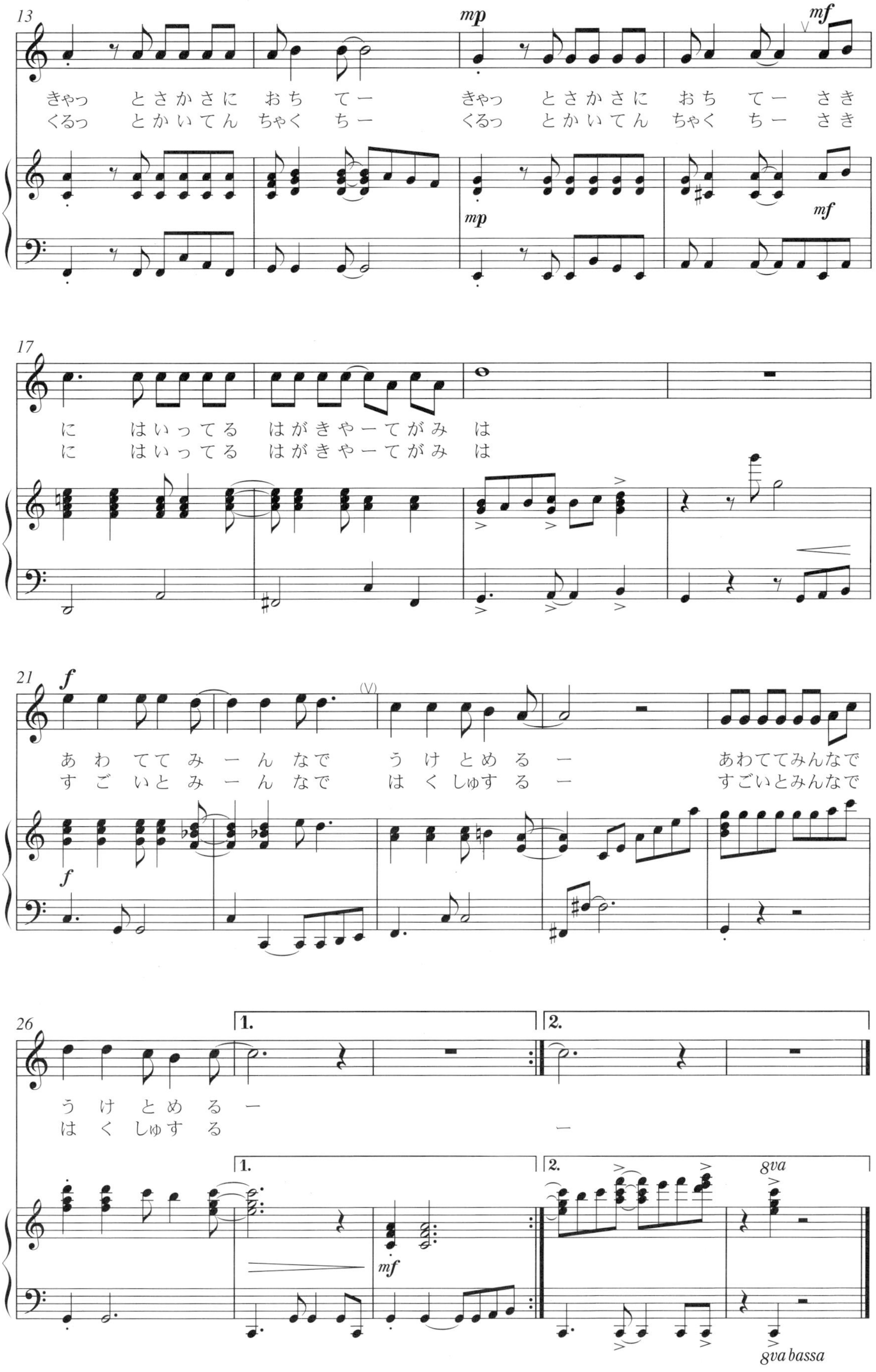
13
mp
mf
きゃっ とさかさに おち てー きゃっ とさかさに おち てー さき
くるっ とかいてん ちゃく ちー くるっ とかいてん ちゃく ちー さき
17
に はいってる はがきやーてがみ は
に はいってる はがきやーてがみ は
21
f
あ わ てて みーんなで うけとめるー あわててみんなで
す ご いと みーんなで はくしゅするー すごいとみんなで
26
1.
2.
うけとめるー
はくしゅする ー
8va
8va bassa

ほしぞら

ミマス 作詞・作曲

メッセージ ▶ p.46

夏の夕ぐれ　ひぐらしの歌
山の上にあかね雲
いちばん星がきらめいて
すきとおる空に光ってる
日はくれて　今夜も会える
夜空にかかる天の川

冬の夕ぐれ　ひよどりの歌
白い息が風にまう
川のみなもはゆらめいて
たそがれの空うつしてる
日はくれて　今夜も会える
夜空をかける流れ星

日はくれて　今夜も会える
いつも美しい星空に
いつも美しい星空に

♩=76～84
mf
3
mp
なつのゆうぐれ　ひぐらしのうた　やまのう　えに　あかねぐも
ふゆのゆうぐれ　ひよどりのうた　しろいい　きが　かぜにまう
mp
7
mf
いちばんぼしが　きらめいて　すき　とお　るそら　に　ひか一ってる
かわのみなもは　ゆらめいて　たそ　が　れのそ　ら　うつしてる
mf

【伴奏編曲：富澤《とみざわ》 裕《ゆたか》】

素《す》晴《ば》らしい言葉

手島 希 作詞・作曲／長嶋 亨 編曲

メッセージ ▶ p.46

一、ありがとうって言えたなら
心が温まってきた
ありがとうって言えたなら
君に幸せが届くよ
世界中の「ありがとう」が
君と僕《ぼく》に届くよ

二、ありがとうって言えたなら
心が優《やさ》しくなってきた
ありがとうって言えたなら
君に優しさが届くよ
世界中の「ありがとう」が
君と僕に届くよ

三、ありがとうって言えたなら
心が素直になってきた
ありがとうって言えたなら
素敵《すてき》な笑顔《えがお》になれるよ
世界中の「ありがとう」が
君と僕に届くよ
ありがとう　ありがとう
それは素晴らしい言葉

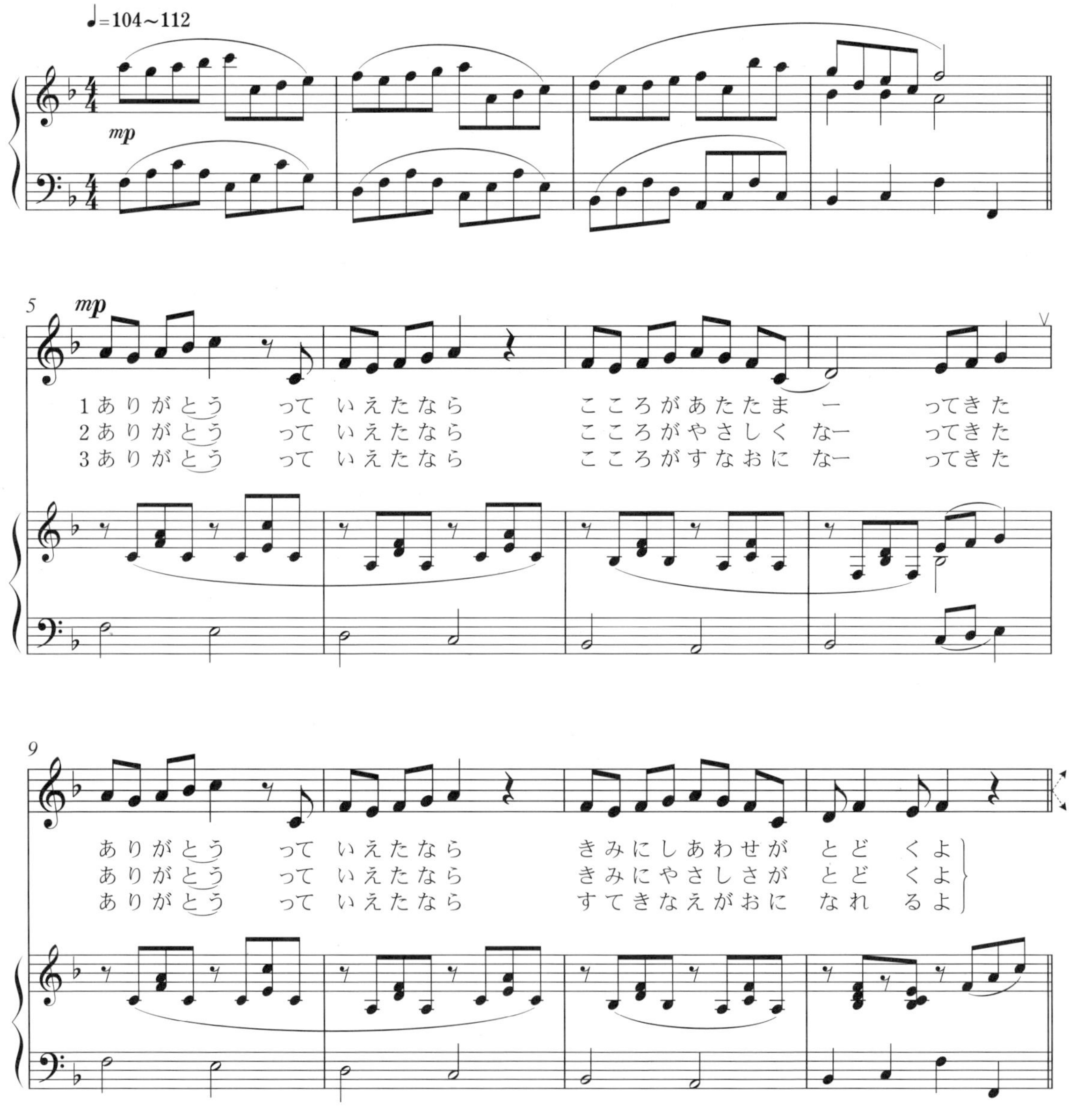
♩=104～112
mp
5
mp
1ありがとう　って　いえたなら　こころがあたたま　ー　ってきた
2ありがとう　って　いえたなら　こころがやさしく　なー　ってきた
3ありがとう　って　いえたなら　こころがすなおに　なー　ってきた
9
ありがとう　って　いえたなら　きみにしあわせが　とど　くよ
ありがとう　って　いえたなら　きみにやさしさが　とど　くよ
ありがとう　って　いえたなら　すてきなえがおに　なれ　るよ

13
せ か い じゅ う の 「あ り が と う」 が
せ か い じゅ う の 「あ り が と う」 が
17
1.2.
3.
き み と ぼ く に と ど く よ よ
き み と ぼ く に と ど く よ よ
1.2.
3.
22
rit.
ありがとう ありがとう それはすばらしい こ ー と ば
ありがとう ありがとう それはすばらしい こ ー と ば
rit.

ハッピー・バースデー

成井 豊 作詞／林 あづさ 作曲

メッセージ ▶ p.46

♩=100〜108
ハッ ピー バース デー
うまれてきてよか ーっ た ね
ハッ ピー バース デー
きみにあえてよか ーっ たよ
おお きな うちゅう のー

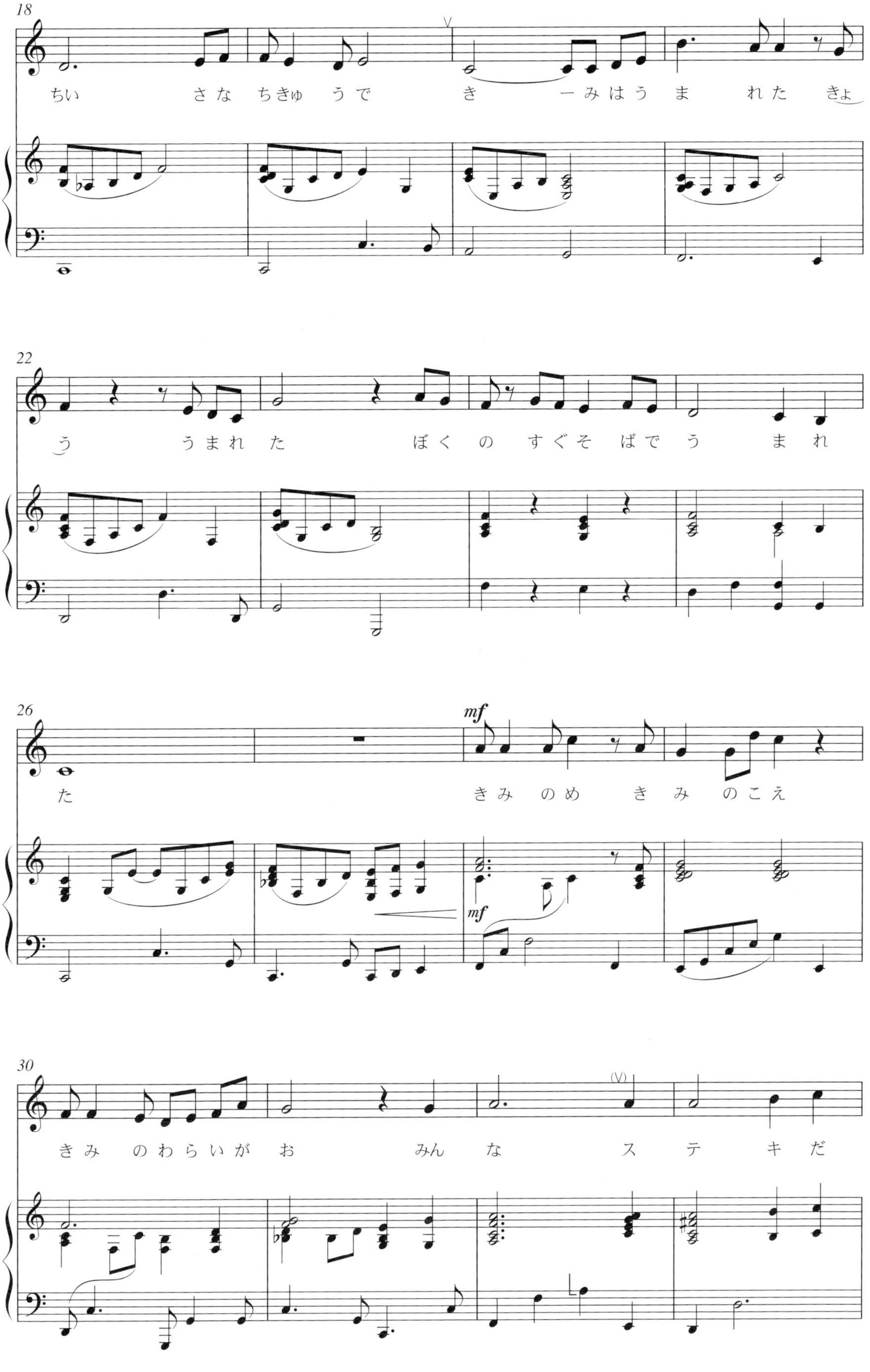
18
ちい　さな　ちきゅ　うで　き　ーみはう　ま　れた　きょ
22
う　うまれ　た　ぼく　の　すぐそ　ばで　う　ま　れ
26
た　きみ　のめ　き　み　のこえ
mf
30
きみ　のわらいが　お　みん　な　ス　テ　キ　だ

よ
ハッ ピー バース デー
うまれてきてよか ーっ た ね
ハッ ピー バース デー
きみにあえてよか ーっ たよ
あ つい なつのひー
Oh

50
Ah Ah Ah
さ むい ふゆ のひ き みは いき て ゆく ずっ
54
ぼく と いーっしょに ずーっ と いきて ゆ
と いきてゆ く ぼく と いーっしょに ずーっ と いきて ゆ
58
く Ah きみのゆめ き み のうた
く きみのゆめ き み のうた
62
きみのはし るす が た みん な ス テ キ だ
Ah はし る す がたー みんな ス テ キ だ

【合唱編曲：森重行敏《もりしげゆきとし》】

ハッピー・バースデー
生まれてきてよかったね
ハッピー・バースデー
君に会えてよかったよ

大きな宇宙の　小さな地球で
君は生まれた　今日生まれた
僕《ぼく》のすぐそばで生まれた
君の目　君の声　君の笑い顔
みんなステキだよ

ハッピー・バースデー
生まれてきてよかったね
ハッピー・バースデー
君に会えてよかったよ

暑い夏の日　寒い冬の日
君は生きてゆく　ずっと生きてゆく
僕と一緒《いっしょ》にずっと生きてゆく
君の夢　君の歌　君の走る姿
みんなステキだよ

ハッピー・バースデー
生まれてきてよかったね
ハッピー・バースデー
君に会えてよかったよ

ハッピー・バースデー
生まれてきてよかったね
ハッピー・バースデー
君に会えてよかったよ

地球へ

半﨑美子 作詞・作曲／松井孝夫 編曲

メッセージ ▶ p.46

眠《ねむ》らずに今日もまたまわり続けているけど
疲《つか》れてはいないですか？
できることはありますか？
今現在と百年前とどこか違《ちが》っていますか？
あつくなったり寒くなったりしてはいませんか？

静かに語る言葉を　大事に受け取り繋《つな》げたい

あなたの命も私と同じで
限りあること知っているから
森のささやきや海の祈《いの》りに耳を澄《す》ませたい
共に生きるために

あなたに生まれてあなたに還《かえ》る
美しい約束を守りたい

あなたの鼓動《こどう》も私と同じで
いつかとまること知っているから
山の便りや空の願いに耳を澄ませたい
共に生きるために
共に生きるために

8
つかれーてはー い ないでーすかー できる ことーは ありまーすか ー いま
Uh Uh Uh Uh
12
げんざー いとー ひゃく ねんまー えとー どこかちがーってい ますかー あつ
Uh Uh Uh Uh
16
くなーったりー さむ くなーったりー してはーいませんー か ー
20
しずかにか たる こ とばを だいじにー うけ とりつなーげたい

mf
いのちも
mf
ー　あなた　のいのちもー　わた
mf
おなじで
し　とおなじでー　かぎり　あーることー　しーっ
ささやき
て　いるからー　もりの　ささやきやー　うみ
いのりに
の　いのりにー　みみを　すませたいー　ともにい

poco accel.
♩=76~84
40
f
う
ーきるためにー
あーなたに
poco accel.
f
まれて
あーなたに
44
うまれて Ah
あなたに かえーる うつくしいや
poco rit.
48
くそくを まもりたいー
mp
espressivo
あな
poco rit.
3
52
♩=63~69
espressivo
mp
いつ
たのこどうもー
わたし とおなじでー
mp espressivo

poco accel.
か とまること ー しーっ て いるから ー
やま
poco accel.
♩=69～76
たよりや
ねがいに
の たよりや ー そら の ねがいに ー みみ
を すませたい ー ともにい ーき るた めに ー ともにい
poco a poco rit.
ーき るた めに ー
poco a poco rit.

#みんなで歌おう ～歌声と幸せがあふれますように

松長 誠 作詞・作曲

メッセージ ▶ p.46

今、心の中で
どんな歌が響《ひび》いていますか？
心を包み込《こ》むような
歌はありますか？

みんなで歌おう
心と心つなぐ
歌声が世界中にあふれる日まで

やまない雨なんてないって
心では分かっていても
先の見えない日がつらい時は
歌を口ずさもう

みんなで歌おう
命を煌《きら》めかせて
歌声が世界中にあふれる日まで

歌声と幸せが
あふれますように――

♩=88～96 祈るような気持ちで
p
mf
5
mp
いま こころのなかで どんなうたが ひびいていますか
mp
3

＊曲のタイトルには，「思いを発信・共有する」「仲間が集う」という意味を込めて
「#（ハッシュマーク）」が付けられています。
また，斉唱として上声部のみで歌ってもよいでしょう。

9
こころを　つ　つみこむようなー　うたはありますか
13
mf
f
mp
みんなで　うたおう
こころ　と　こころつなぐ
いのち　を　きらめかせて
う
mf
f
mp
17
1.
たご　えが　せ　かいじゅうに　あ　ふれるひまで
1.
21
poco rit.
a tempo
mp
やまない　あ
poco rit.
a tempo
mp

25
めなんてないってー　こころでは　わかーってい　ても　さきのみえない
29
2.
mp
ひ　がつらいときはー　うたをくちずさもう　で　う
33
f
rit.
ff
たご　えと　し　あわ　せが　ー　あふれますよう
mp
37
a tempo
rit.
に　ー
8va
mf

帰る場所

金城綾乃 作詞・作曲／佐井孝彰 編曲

メッセージ ▶ p.47

♩=72～76
mp
（小音符は２回目のとき）
mf
いつもーまわりをーみ　わたすとー　あたたーかなーえがお　がそこにー
ゆめ　もおもいもーた　いせつにー　そだてーてくーれたこ　のばしょをー
どんなーにつらいーみ　ちのりもー　ささえあうことで　のり　こえてきたー
わすれーたことはー　ないからー　いつだーってまえへ　す　すめるんだー
ぼ　くらのー　いき　てきたーみち　は　き　ーっとー　すば　らしいーものだろう　ー
し　ずかにー　なが　れるなーみお　と　オ　レ　ンジー　いろ　した　やさしいそら　ー

19
f
*ぼ くらに は いつだーーってー か え る ばしょがーあ る ー
ぼ くらは ひ とりじゃーな いー ほこ り たか き だ いち ー
かえる ばしょがーあ る ー ー
ほこり たか き だ いち ー ー
23
1.
そ らたか く ま いあーが るー き ぼ う だき あした へ むかい は ば た こうー
こ こにあ る し あわーせ をー は な さ ない わすれ な いよー
mf
27
2.
いつま でもー（*へ）
D.S.
D.S.

32
はばた こうー
La ......
La ......
36
40
1.
2.
rit.
rit.
mf
dim.
p
pp

いつもまわりを見渡《みわた》すと　温かな笑顔《えがお》がそこに
どんなに辛《つら》い道のりも　支え合うことで　乗り越《こ》えてきた

僕《ぼく》らの生きてきた道は　きっと素晴《すば》らしいものだろう

僕らにはいつだって　帰る場所がある
空高く　舞《ま》い上がる　希望抱《だ》き
明日《あした》へ　向かい　羽ばたこう

夢も想《おも》いも大切に　育ててくれたこの場所を
忘れたことはないから　いつだって前へ進めるんだ

静かに流れる波音　オレンジ色した優《やさ》しい空

僕らは一人じゃない　誇《ほこ》り高き大地
ここにある幸せを　離《はな》さない　忘れないよ　いつまでも

僕らにはいつだって　帰る場所がある
空高く　舞い上がる　希望抱き
明日へ　向かい　羽ばたこう

僕《ぼく》と君の未来へ

山崎朋子 作詞・作曲

メッセージ ▶ p.47

一、太陽の子どもたちは　今日も青い海に
見守られながら生きている　この大地で
雨降る雲の隙間《すきま》に一筋の光　指でなぞってみれば　七色の虹《にじ》が見える
風吹《ふ》く海原《うなばら》に　船のしぶきを浴びながら
ふるさとへ帰ろう　私たちを待っている　空も海も大地も

二、繰《く》り返す季節の中　今日も青い空は
変わることなく輝《かがや》いてる　光浴びて
流した涙《なみだ》　いつまでも忘れはしない　笑って泣いた日々に　七色の虹がかかる
いつまでもいつまでも　忘れないよって手を振《ふ》った
あの日のさよならは「また会おう　いつの日か」僕と君の約束の証《あかし》
生まれて育った町　遠く離《はな》れる日がきても
思い出は消えない　胸の奥《おく》に大切に　僕と君の未来へ

♩=80ぐらい
mp
6
mp
(小音符は２番のとき)
1たいようの　こど　も　たちは　きょうも　あお　い　う　み　に　みま
2くりかえす　きせ　つ　のなか　きょうも　あお　い　そ　ら　は　かわ
(mp)

11
もられながらいきているこのだいちで
ることなくかがやいてるひかりあびて
15
あめふるくものすきまにひとすじのひかり
ながしたなみだいつまでもわすれはしない
19
cresc.
ゆびでなぞってみればなないろのにじがみえる
わらってないたひびになないろのにじがかかる
cresc.
24
f
かぜふくうなばらにーふねのしぶきをあびながら
いつまでもいつまでもわすれないよってをふーった
f

28
1.
ふるさと へ かえろうー
あのひの さ よならはー
わたしたちを まっ ている
32
そらも うみも だ い ち も
mp
37
2.
「またあおう い つ のひか」
42
ぼくと きみの や くそくのあか し
mp

47
※Hum.
Hum.
52
mp
mf
f
うまれて そ だーったまち とおく はなれ る ひがきても おもいで は
57
rit.
きえないー むねのおくに た い せつに ぼくと きみの み ら い
62
a tempo
rit.
へ

※“Wo”で歌ってもよい。

クラッピング ファンタジー 第10番
ゆかいなダンス

長谷部匡俊 作曲

メッセージ ▶ p.47

*演奏順序 ア→イ→ウ→イ

クラッピング ファンタジー 第11番

ヘッドウェイ ～力の限り前へ～

長谷部匡俊 作曲

メッセージ ▶ p.47

※ は足ぶみをする。

*演奏順序 ア→イ→ウ→ウ→エ→イ→オ

ウ

エ

19
手拍子 1
手拍子 2
木
ビブラ.
ピアノ
23

27
D.S.
D.S.
D.S.
オ
Coda
31
Coda
Coda
8va bassa

ジュラシック・パークのテーマ

ジョン ウィリアムズ 作曲／
佐井孝彰 編曲

メッセージ ▶ p.47

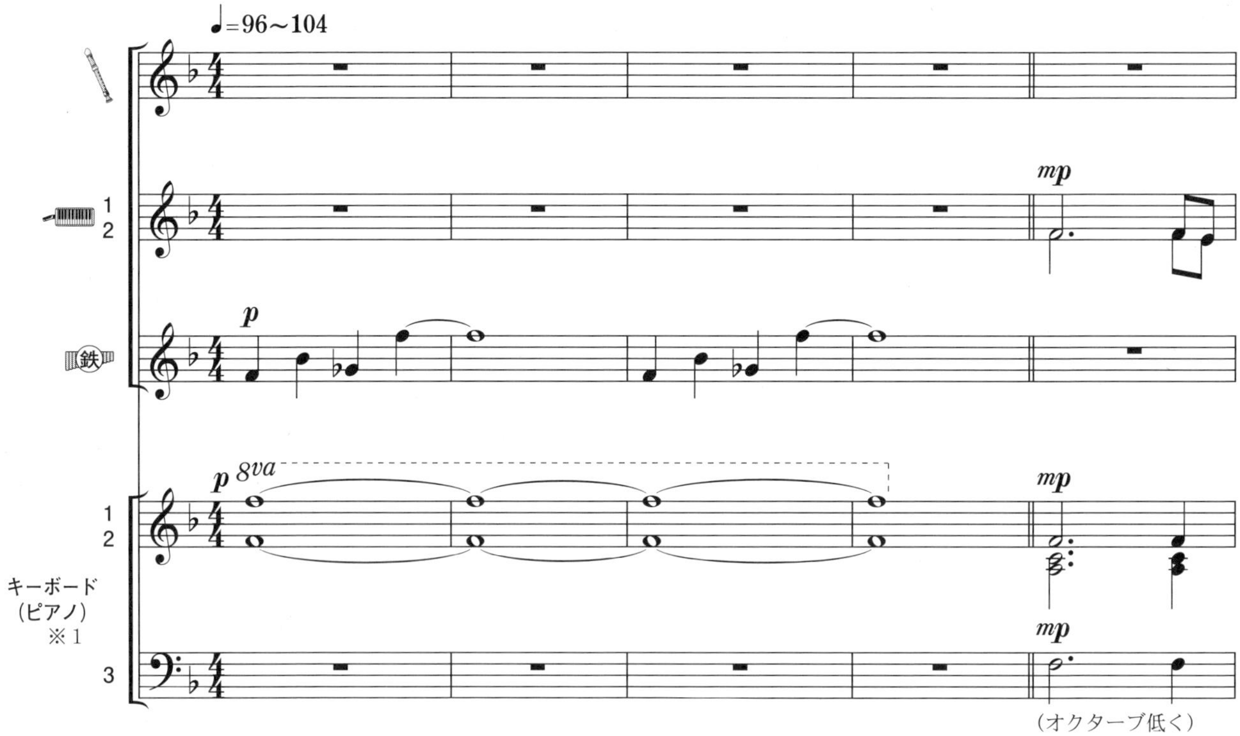

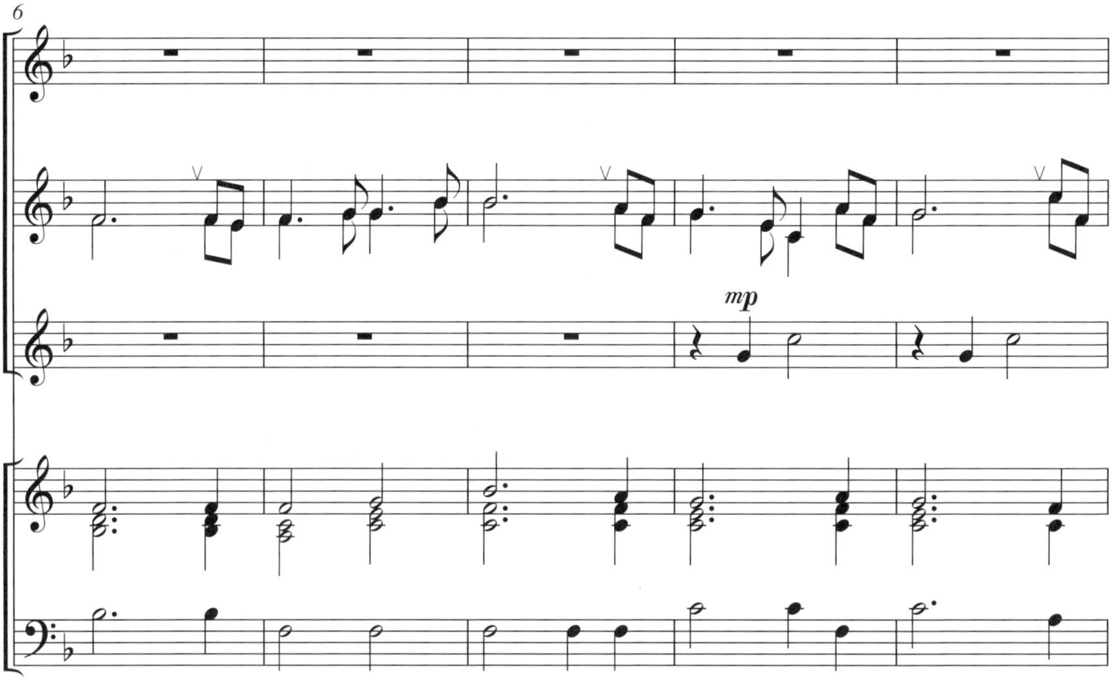

※1：ピアノは5小節目から演奏する。

11
mf
mf
mf
mf
mf
16
f

21
f
1
2
鉄
キーボ.
(ピアノ)
3
26
1.
mf

※2：キーボード3は(　)内を省略してもよい。

Paradise Has No Border

NARGO 作曲／赤羽耕史郎 編曲

メッセージ ▶ p.47

＊曲想や各パートの役割などを考えて，強弱を自由に工夫して演奏しましょう。

9
13

17
木
キーボ.
低音.
ボンゴ·コンガ
マラカス
タンブ.
ピアノ

21

25
29

※好きな音の高さからマレットをすべらせる。

39
1.
( )は2回目のとき
( )は2回目のとき
1.
1.
43
2.
2.
2.

作曲者・編曲者からのメッセージ

ポストに はがきを いれるとき

楽譜 p.2

詩人の矢崎節夫さんが，はがきからの「まなざし」で，とってもかわいい詩を書いてくださいました。はがきに命が吹き込まれて，子どもたちの新しい友達に「はがきさん」が加わりました。ボサノバ調のリズムにのって，新しい友達の歌を楽しく歌ってください。（弓削田健介）

ほしぞら

楽譜 p.4

夕暮れの美しい空に見とれたり，一番星を見つけて嬉《うれ》しくなったりした経験は皆さんにもあることでしょう。そのときの感動やワクワクする気持ちをそのまま歌にしてください。短い歌ですが，想像を膨らませて，美しい夕暮れの風景と星空を皆さんの歌声で描いてください。（ミマス）

素《す》晴《ば》らしい言葉

楽譜 p.6

この曲は，私が小学5年生のときに校長先生のお話を聞いてつくりました。先生は「ありがとうという言葉は，言った人も言われた人も幸せになる魔法の言葉です」とお話しされていました。大切な人にありがとうと伝えるとき，どんな気持ちになるかな?と想像しながら，心を込めて歌ってください。（手島 希）

ハッピー・バースデー

楽譜 p.8

この曲は，成井 豊さん脚本の「ロボット王国のぼうけん」という音楽劇のために作曲しました。“生まれてきてよかったね”の詩には，「この世に生を受けた命はどれも平等で尊いものだ」というメッセージが込められています。全ての命あるものを大切に感じて歌ってもらえたら嬉しいです。（林 あづさ）

地球へ

楽譜 p.14

この歌には「地球を守りましょう」ということだけでなく，地球に生まれた私たちもその一部であり，地球に守られて命があるというメッセージも含まれています。地球という命に寄り添う気持ちを感じながら，皆さんにこの歌を歌ってもらえたら嬉しいです。（半﨑美子）

#みんなで歌おう ～歌声と幸せがあふれますように

楽譜 p.19

感染症の蔓延《まんえん》により，学校内に響き渡る歌声は少なくなりました。世界に目を向ければ，戦争や災害で歌から遠のいている人もいるかもしれません。それでも，人々が歌を忘れることは決してないはずです。歌は心の中で生き続け，幸せを運んでくれるものです。（松長 誠）

帰る場所

楽譜 p.22

詩をよく読んで，言葉を伝えることを大切にして歌ってください。19小節目からと33小節目からの主旋律は同じですが，重なり方が異なります。その違いをしっかり感じ取って表現しましょう。全体的にしっとりとした雰囲気をもっている曲ですが，常に明るい響きで歌うことを心がけてください。（佐井孝彰）

僕《ぼく》と君の未来へ

楽譜 p.26

以前訪れた竹富島の様子や景色，音楽を思い出しながら，子どもたちが夢や希望をもって美しい島で成長していく姿を想像して，この曲を書きました。下声部も常に主旋律と思って，大きなフレーズを感じて歌ってください。音の動きやフレーズ，言葉の伝え方，歌詞の意味を考えて素敵《すてき》な合唱をつくってくれると嬉しいです。（山崎朋子）

クラッピング ファンタジー 第10番
ゆかいなダンス

楽譜 p.30

手拍子が主役の合奏曲です。楽器パートには休符がたくさん出てきますが，楽器の音がないところでも，全員で拍をしっかり感じながら，手拍子の音を合わせてカッコよく演奏しましょう。キーボードの音色は，音を出して確かめながら自由に選んでください。（長谷部匡俊）

クラッピング ファンタジー 第11番
ヘッドウェイ ～力の限り前へ～

楽譜 p.32

手拍子と足踏みが主役の合奏曲です。打楽器のマレット選びも大切ですから，実際に音を出しながら，音色をよく聴いて選んでください。19小節目からは，楽器パートに休符がたくさん出てきます。全員で拍を共有しながら，息の合った演奏を目指してください。（長谷部匡俊）

ジュラシック・パークのテーマ

楽譜 p.36

映画「ジュラシック・パーク」のテーマ曲です。原曲をよく聴いて壮大な雰囲気を感じ取り，堂々とカッコよく演奏してください。全体的に拍をしっかり感じながら速くならないように気を付けましょう。強弱記号を守り，クライマックスを意識して演奏してください。（佐井孝彰）

Paradise Has No Border

楽譜 p.40

ノリのよさが魅力の合奏曲です。演奏する皆さんだけでなく，聴いている人たちも一緒に盛り上がれるような，最高にカッコいい演奏を目指してください。テンポは練習を重ねていくうちに少しずつ速くしていくとよいでしょう。強弱は自由に工夫してください。（赤羽耕史郎）

この曲集のCDが発売されています

小学校 **学校行事・授業のための新教材集**

地球へ

本書に掲載されている全曲の範唱・範奏音源の他，器楽合奏の伴奏音源が収録されています。

価格 1,980円（本体1,800円＋税10%）

GES-15943
ISBN978-4-87788-977-7 C6873

教育芸術社のホームページでは，この曲集の音源を試聴することができます。教育芸術社YouTubeチャンネルからも配信しています！

● **教育芸術社ホームページ（『地球へ』商品ページ）**
https://store.kyogei.co.jp/products/detail/1347

● **教育芸術社 YouTube チャンネル**
https://www.youtube.com/playlist?list=PL1jOy1aqdKQCOAapFOfrDuooa4xshuk1h

小学校 学校行事・授業のための新教材集 **地球へ**

2021年11月26日　第1刷発行

編集者　**教芸音楽研究グループ**

発行者　株式会社 **教育芸術社**（代表者　市川かおり）
〒171-0051 東京都豊島区長崎1-12-14
電話 03-3957-1175（代表）　03-3957-1177（販売部直通）
https://www.kyogei.co.jp/

表紙・扉イラスト／はり たつお
表紙・扉・本文デザイン／アーク・ビジュアル・ワークス
楽譜浄写／クラフトーン
印刷／光栄印刷　製本／ヤマナカ製本

JASRAC 出 2108955-101
NexTone PB000052034号
ISBN978-4-87788-976-0　C3073